P.-B. GHEUSI

L'Affaire de l'Opéra-Comique

OU

L'Opéra-Comique de Lafferre

UN SINGULIER ARRÊT DU CONSEIL D'ÉTAT
(27 juillet 1923)

Ses conséquences imprévues

DEUXIÈME ÉDITION

PARIS
4, rue Saint-Florentin
1923

L'AFFAIRE
de l'Opéra - Comique
OU
L'OPÉRA-COMIQUE
de M. Lafferre

P.-B. GHEUSI

L'Affaire
de l'Opéra-Comique

OU

L'Opéra-Comique de Lafferre

UN SINGULIER ARRÊT DU CONSEIL D'ÉTAT
(27 juillet 1923)

Ses conséquences imprévues

DEUXIÈME ÉDITION

PARIS
4, rue Saint-Florentin
1923

I

Le Complot des " Frères "

LE FIGARO, 28 juillet 1923.

En ce temps-là — il y a cinq ans —
l'Opéra-Comique était prospère et, malgré la Guerre, qui touchait presque à son
déclin, multipliait une activité croissante
et réalisait des résultats encore inconnus.

La direction artistique de la Salle Favart était entièrement aux mains de M.
Gheusi : il lui donnait tout son temps et
toutes ses forces, dans un isolement tranquille et souriant.

Un soir d'été, comme il était par ex-
ception absent de Paris et en tournée
dans le Midi avec une partie de sa troupe, fort éprouvée par la diminution des
recettes, sous les bombardements des
Gothas et des Berthas, des frères ennemis s'entendirent pour, sournoisement, le
déboulonner. Il y avait là les frères Clemenceau et les Mandel's-brothers (pas
encore de l'Ecole normale supérieure),

les Léotard du trapèze lyrique et les
Zemganno du music-hall à promenoir,
tous les frères et les faux-frères ignorés
du trop confiant directeur — et, derrière
eux, ces *hermanos* à la mystérieuse ori-
gine dont notre Alfred Capus avait dit :

— Qu'importe que l'un ne sache pas
lire, puisque l'autre ne sait pas écrire !

Toutes ces « fraternités » conjurées
chargèrent le « frère » Lafferre, ministre
par intérim des beaux-arts, de dévisser,
sans en prévenir personne, le fauteuil de
l'absent ; dès que celui-ci rentra à Paris,
on lui ferma rageusement au nez la porte
étroite de la rue Favart.

Ce fut une stupeur générale et même,
chez les artistes, une réelle indignation.
Mais c'était encore la Guerre !... et le directeur dépossédé d'un privilège, dont le
frère Lafferre lui-même avait, à la tri-
bune de la Chambre, reconnu la prospé-
rité d'un ton boudeur et menaçant, im-
posa silence aux amis exaspérés et se
borna à demander au Conseil d'Etat
l'annulation d'un arrêté brusqué en coup
de force sans précédent,.

*   *   *

L'instance devant la haute juridiction
avait duré près de cinq ans — la moitié
du temps de la guerre de Troie. En cinq
ans, Hélène — je veux dire le privilège
en cours de l'Opéra-Comique, avait singulièrement mûri. Il touchait même à son
crépuscule puisqu'il n'avait que deux années à vivre. Il n'excitait plus les mêmes
passions.

Depuis 1918, le Conseil d'Etat lui-même s'était modifié. Mais tous les « frères » d'il y a cinq ans, chargeurs réunis, plaidaient encore ou faisaient plaider par leurs clients la légalité de leur coup de force. Assez mollement — par ces temps de vacances et de canicule — le ministre actuel et l'ancien directeur soutenaient qu'il fut illégal.

M. Léon Bérard, il est vrai, était mieux qualifié que quiconque pour le dire : c'est lui qui avait rédigé et signé, avec M. Louis Barthou, président du Conseil et ministre de l'instruction publique et des beaux-arts en 1913, le cahier des charges de la salle Favart. Il en connaissait donc par le menu l'esprit et la lettre ; et c'est encore lui qui, dès le 16 octobre 1918, écrivait spontanément à M. Gheusi ces lignes que le Conseil a entendues sans s'émouvoir :

« Il ne pouvait pas être plus question de votre « révocation » que de celle d'un directeur de tramways ou d'un adjudicataire d'éclairage électrique. Or, aujourd'hui, les journaux m'apportent l'écho de ce coup de tonnerre de coulisses. Que s'est-il donc passé?... Voilà, en tout cas, un point final bien imprévu à l'œuvre, d'ailleurs paradoxale, que j'avais inaugurée par la pénible élaboration de l'arrêté de 1913. Et voilà aussi un étrange épilogue à vos cinq années de travail, de tours de force, de succès déconcertants!... »

@ @ @

Le Conseil d'Etat, assez perplexe — il eût suffi de déplacer deux voix pour aboutir à l'arrêt contraire — avait écouté Mᵉ Mornard, dont le bon sens éloquent et clair démontrait la réalité d'un abus de pouvoir inouï — même sous l'Empire — envers un directeur reconnu « irréprochable », qui avait assuré rue Favart, en pleine guerre, l'ordre, la discipline, la confiance et le succès ; il était, d'ailleurs, garanti par un privilège de sept ans avec cahier des charges synallagmatique.

Ses adversaires — ne pouvant avouer qu'on a eu impérieusement besoin de sa place et qu'il dédaignait trop ouvertement les « fraternités » acharnées, cinq années durant, à miner sous ses pas le plancher de scène et à lui disputer son droit exclusif à la direction artistique, spécialement confiée *à lui seul* par l'arrêté de nomination (*) — soutiennent et

---

(*) C'est M. Gheusi lui-même qui, connaissant fort peu ses associés commerciaux — et cédant à des démarches pressantes lui garantissant leur *loyauté* — les avait choisis et proposés au Ministre. Mais, à la suite de leur présentation officielle, celui-ci, surpris de leur ignorance éclatante dans le domaine de la musique et du répertoire lyrique, avait offert à M. Gheusi de le nommer seul à la tête de l'Opéra-Comique.

— Je ne puis accepter, avait répondu l'auteur de *Guernica*, de *Kermaria*, des *Barbares*, de la *Cloche du Rhin*, du *Juif Polonais*, de *Chacun sa vie*, etc. Ils ont ma parole et je les tiens pour mes associés définitifs.

— Alors, avait décidé le Président du Conseil, Léon Bérard va rédiger un arrêté et un cahier des charges vous donnant, *à vous seul*, la direction artistique, c'est-à-dire la véritable direction.

M. Gheusi, déclare en conséquence l'arrêté paru au *Journal Officiel* le 13 novembre 1913, est

ont fait admettre qu'il avait perdu la
« confiance » du frère Lafferre, satrape
provisoire de la rue de Valois et de son
grand eunuque, aujourd'hui relégué dans
un musée (**).

— Comment, a demandé narquoise-
ment Mᵉ Mornard, aurait-il perdu cette
« confiance » précisément le jour où —
en lui retirant son privilège — le frère
Lafferre écrivait à M. Klotz, ministre des
finances, qu'il n'avait qu'à se louer de sa
direction et qu'il lui réservait la première
vacante ?

— C'est que l'annulation de cet abus
de pouvoir, si fraternellement ourdi, ont
redouté les Nestors du Palais-Royal.

---

spécialement chargé de la direction artistique... »

— Nous demandons, avaient fait réclamer les
« directeurs administratifs » par tous leurs tenants
politiques, que le texte dise « *plus spécialement* ».
Sans quoi, nous ne serons rien !

— Alors, qu'ils démissionnent ! répondit le
Ministre. Je ne changerai pas un mot à l'arrêté.

Les « frères » se résignèrent en apparence. Mais,
dès le lendemain, leurs conjurations et leurs intri-
gues entourèrent de pièges leur associé indifférent.
L'Affaire de l'Opéra-Comique commençait. Jusqu'à
l'arrivée du « frère » Lafferre et tant que les
« frères » n'eurent pas M. Georges Clemenceau
pour avocat, toutes les conspirations contre
M. Gheusi se terminèrent à son avantage.

(**) Le fielleux « commissaire du Gouvernement »
que M. Gheusi appelle, dans ses *Mémoires de la
Guerre*, « M. Jean Balluet d'Estourbecque de
Restant de Connelles », ce qui est, à peu de chose
près, le nom collectif que s'est donné le person-
nage, dont les « mots » stupéfiants ont fait pâmer
de rire tout Paris.

étrangers aux questions d'exploitation théâtrale à un degré qui vient de dépasser les pires conjectures, était peut-être légitime, il y a cinq ans. Aujourd'hui, elle bouleverserait l'immeuble Favart ; il ignore les agitations modernes ; il tourne le dos au Boulevard et peut tout craindre d'une émeute — peut-être d'allégresse — qui perturberait la rue Marivaux.

L'ardeur de l'assaillant était, d'ailleurs, fort amortie. Après cinq ans, il ne songeait guère à son recours et n'avait pas attendu le loisir du Conseil d'Etat pour se créer une activité neuve.

— Je suis, nous disait-il hier, dans la situation que j'ai connue jadis lorsque la Comédie-Française m'avisa brusquement qu'elle allait mettre en répétitions un de mes actes en vers, déposé à tout hasard et reçu dix années plus tôt. J'aurais mieux aimé donner autre chose ; j'avais oublié cette œuvre de jeunesse qui me rajeunissait soudain avec un peu d'excès.

Il ne paraissait donc plus tenir à reprendre Hélène et son privilège. Un lustre entier venait de tomber sur eux ; et c'était beaucoup, surtout qu'il s'agissait d'un lustre de théâtre. L'ancien directeur aspirait à reconquérir plus d'avantages depuis que nombre de ministres, lointains ou récents, avaient rendu un flatteur hommage au créateur des *Barbares*, de *Mârouf*, de *Tarass Boulba*, de la *Boîte à Joujoux*, à l'animateur de tout un répertoire rajeuni et modernisé, au distributeur de trois cent mille francs d'allocations et

de secours à ses mobilisés de 1914
à 1918.

⊙ ⊙ ⊙

Le Conseil d'Etat n'a donc pas voulu,
en donnant raison à la raison et à M. Léon
Bérard, brusquer la fin d'un privilège
aux trois quarts expiré déjà et rendre un
reliquat de direction au créateur de la
vie ardente de l'Opéra-Comique pendant
la Guerre en le contraignant tout de suite
à abandonner ailleurs une autre part de
direction, singulièrement plus intéressante pour lui — et pour nous.

⊙ ⊙ ⊙

Une magistrature souveraine qui met
cinq ans à juger une affaire dont chaque
jour modifie l'aspect ne saurait, *a priori*,
passer pour bolchevique.

M. Constans disait : « Il faut être bien
jeune ou bien vieux pour faire une révo-
lution : en cas d'échec, on n'a rien à
perdre. »

Le Conseil d'Etat — qui n'a rien à
perdre — vient, d'un seul coup, de rui-
ner les trois cents articles des cahiers des
subventionnés et d'abolir d'un trait de
plume léger le statut, les garanties, les
droits et le privilège septennal de tous
les directeurs des théâtres d'Etat.

⊙ ⊙ ⊙

L'arrêt d'hier révèle l'embarras des juges. Ils ont eu, d'abord, des doutes sur
leur compétence et ont reconnu que les
directeurs de théâtre « n'étaient pas des
fonctionnaires » et qu'il y avait, entre

eux et l'Etat « un contrat de concession ».

Leur premier attendu situait fort bien la question :

« Considérant qu'il ne résulte d'aucune pièce du dossier que M. Gheusi ait, au cours de sa gestion, commis un manquement à ses obligations susceptible de justifier la mesure prise à son égard... »

Mais l'arrêt change soudain de terrain, prétend « que le régime de direction collective implique un accord permanent entre codirecteurs » — ce qu'on n'a jamais vu dans aucune direction de théâtre et ce qui, d'ailleurs, importe peu, pourvu qu'il y ait *un* bon directeur — et, donnant gain de cause au despote Lafferre, lui reconnaît le droit « d'apprécier les circonstances et de retirer *sa confiance au directeur en dehors de toute faute contractuelle*, à cause de la mésintelligence persistante qui existait entre les associés — et, les faits de la cause, tels qu'ils résultent du dossier, ne suffisant pas à justifier son affirmation d'abus de pouvoir par le ministre, rejette la demande en annulation de M. Gheusi. »

⊙   ⊙   ⊙

L'arrêt du Conseil d'Etat cherche à s'appuyer sur un paragraphe terminal de l'art. 82 du cahier des charges ; il dit que l'autorisation pourra être retirée...

« 6° Enfin, si, par des actes personnels et à raison de circonstances que le Ministre se réserve d'apprécier, les directeurs ont cessé de mériter la confiance de l'administration. »

L'arrêt se jette sur ce paragraphe pour

justifier le coup de force. malgré l'inco-
hérence folle qui va en résulter dans son
texte souverain.

Il admet que, dans un contrat de concession à engagements réciproques et
reconu tel, la volonté d'un seul des con-
tractants peut, sans aucune explication,
mettre fin au contrat. C'est contraire à
tous les principes du droit, mais peu importe : il s'agit de sauver un ministre bru-
tal des conséquences graves de sa ruade,
ordonnée en haut lieu et sournoisement
assénée.

— Ce *sixièmement* arrive, cependant,
après quatre autres griefs que l'arrêt se
garde bien de citer. Leur décroissance
même prouverait trop que ce § 6, le dernier. n'envisage qu'un cas exceptionnel
et tout particulier.

En effet. le retrait de l'autorisation
(titre XIII, art. 82) n'est *envisagé* —
« *pourra* être retiré », dit le texte —
que si :

1° les Directeurs contreviennent aux
dispositions du présent cahier des charges ;

[Le Conseil déclare que le sacrifié n'y
a jamais contrevenu. Le frère Lafferre
avait fait la même déclaration ; car son
« coup du père François » était impossible avec ce texte, impuissant contre
l'évidence, mais suivi surtout d'une
échelle décroissante de pénalités, rap-
ports et amendes préalables à toute révocation. En les observant, on avertissait
l'assiégé, désormais sur ses gardes.]

2° si le théâtre reste fermé sans autorisation ;

[C'est l'évidence même et le paragraphe est inutile, puisque le contrat réci-
proque serait inexécuté.]

3° si les directeurs tombent en état de
faillite ;

[Même argument, plus inutile et plus
affaibli encore.]

4° s'ils sont insolvables, en état « de
mauvaises affaires constaté par le non-
paiement des artistes, employés et fournisseurs, ou par des poursuites et mesures
judiciaires de nature à entraver la liberté
de leur gestion » ;

[Evidemment ! Ce sont là des viola-
tions du cahier des charges. M. Lebureau
s'est battu les flancs pour allonger inuti-
lement son texte.]

5° si le Parlement refusait la subvention ;

[Autre prescription superflue : il n'y
aurait plus de charges, puisqu'il n'y
aurait plus d'avantage pécuniaire.]

« A moins, poursuit le texte, que les
directeurs ne *consentissent* — cette lan-
gue est évidemment celle de M. Jean
Balluet, etc. — à continuer l'exploitation
sans subvention. »

[Naturellement ! C'est affaire au directeur de juger s'il peut encore faire ce
sacrifice. Il reçoit, rue Favart, une au-
mône de 300.000 francs de subvention
par an. En échange, il donne au gouvernement et aux fonctionnaires officiels
plus de 1.200.000 francs de billets de

faveur en places excellentes et bloquées.
Mais c'est son affaire.

Le § 5 est donc parvenu aux derniers
échelons des causes de retrait, de plus
en plus anémiées.]

Et voici surgir le § 6, celui des « actes
personnels que le Ministre apprécie *seul*
pour dire si le directeur garde ou non sa
confiance! »

C'est le roussin d'Arcadie de Robert
Macaire et des frères Lafferre et consorts.

— Halte-là! avait, en 1913, dit M.
Gheusi à M. Léon Bérard, qui épluchait
avec lui le panier de figues du cahier des
charges, n'est-ce pas là l'aspic de Cléo-
pâtre?... Que signifie ce texte singulier?
Le bon plaisir du Ministre pourrait donc
tout remettre en question?

— Jamais de la vie! Ce serait nul en
réalité et en droit. Le *fait du prince* ne
peut démolir un contrat bilatéral.

— Alors, que signifie?...

— Voici d'où vient cet article et ce
qu'il signifie, d'après ces messieurs du
Carton Vert : si le directeur devient fou,
s'il a une attaque, s'il est atteint d'aber-
rations qui l'exposent à finir au cabanon
ou en cour d'assises, il faut bien que le
Ministre, discrètement, sans scandale et
sans bruit, puisse mettre fin à un privilège
devenu caduc, lui aussi, dans l'intérêt de
la moralité publique ou d'une famille
éprouvée, mais respectable.

Tel est le cas *exceptionnel*, visé par ce
dernier paragraphe.

Et M. Gheusi, pleinement rassuré, signa son cahier des charges.

* * *

Or, c'est à ce texte perdu — précaution limitée à une conjecture douloureuse — que le frère Lafferre a ajouté « la mésintelligence entre les directeurs », sans oser se flatter que des juristes valideraient cet audacieux acte de recel après un fructueux cambriolage.

— Et le Conseil d'Etat n'a pas demandé à M. Barthou, signataire du cahier des charges de 1913, comment il interprétait *son* article 82, § 6 !...

— Le frère Lafferre, lui, était logique avec lui-même : *jamais* il n'a voulu, comme le demandait M. Gheusi, au cours de différends misérables avec ses associés, prier M. Barthou de lui donner son avis sur son propre texte. Il savait trop bien qu'il serait contraint de sacrifier ses protégés, les deux *fratelli* de son cœur, et de laisser le bon directeur qu'il détestait à la tête de la Maison.

— Mais le Conseil d'Etat?... Pourquoi n'a-t-il pas demandé à M. Barthou son exposé des motifs et son opinion, en présence d'un vote difficile, bien près d'avoir donné raison au réclamant?...

M. Barthou lui aurait dit, s'armant de précédents irrécusables :

— Comment la *mésintelligence* entre directeurs investis de *pouvoirs spécialisés* pourrait-elle aujourd'hui entraîner un retrait de privilège, alors que, sous le régime du même cahier des charges, la mésintelligence entre codirecteurs *à pou-*

voirs égaux n'a pas été admise par les prédécesseurs de M. Lafferre pour mettre fin au même privilège ?

— Bien plus, M. Barthou — *signataire de l'arrêté et du cahier de 1913* — que tout appelait à être entendu le premier et qui ne l'a jamais été, aurait appris aux juges qu'en 1913 précisément, MM. Messager et Broussan, directeurs de l'Opéra, vivaient en désaccord permanent. Le moins patient des deux, M. André Messager, par lettre du 30 octobre — *quelques jours après la mise sous presse du cahier des charges de la direction Gheusi à l'Opéra-Comique* — donnait sa démission au Ministre — comme devaient le faire les *fratelli* infidèles de 1918 — pour « *incompatibilité de caractère* entre associés ».

Il rappelait, dans sa lettre à M. Barthou, que, déjà deux fois démissionnaire pour la même raison, les prédécesseurs de M. Barthou l'avaient, par deux fois, « forcé à rester au fauteuil directorial ». Il renouvelait donc sa démission pour la troisième fois.

Et M. Barthou répondit à M. André Messager (Archives des Beaux-Arts, rue de Valois), comme ses prédécesseurs, en lui refusant encore droit d'écourter son privilège :

— ...J'estime, concluait-il, après examen du cahier des charges, que vous n'êtes pas fondé à vous en prévaloir. Il ne m'est donc pas possible d'accepter que *vous vous dégagiez, avant l'expira-*

tion du contrat en cours, des obligations que vous avez assumées en y souscrivant.

◉ ◉ ◉

Ainsi, M. Louis Barthou, juriste éminent et Parisien accompli, rédacteur et cosignataire d'un arrêté spécial de nomination et de *tous ses articles*, déclarait le privilège des associés inattaquable pour *incompatibilité d'humeur et mésintelligence* entre eux et considérait comme nulle et non avenue leur démission *individuelle* ou collective, même pour des motifs infiniment plus graves que ceux de 1918, validés aujourd'hui par le Conseil d'Etat.

◉ ◉ ◉

Si cet arrêt — *incohérent*, ont dit les journaux — devait, selon la tradition, faire la nouvelle loi des parties, le contrat usuel, base de tous les privilèges en cours, servirait donc à l'avenir, comme le sabre de Joseph Prudhomme, à les défendre et, au besoin, à les supprimer.

— Déjà l'opinion publique, juridiction d'appel des tribunaux sans appel, juge sévèrement cet arrêt éphémère.

Elle a déjà établi que :

1° Le cahier des charges de 1913 avait été, en août 1914, *suspendu pour toute la durée de la Guerre*. Comment pouvait-on, dès lors, l'invoquer contre un directeur qui ne recevait même plus la subvention mensuelle de l'Etat ?

2° La « mésintelligence » des directeurs n'empêchait pas — et nous allions écrire *au contraire !* — l'Opéra-Comique

du temps de guerre d'être le plus actif,
le plus discipliné et le plus prospère des
théâtres de Paris.

3° Le cahier des charges prévoyait la
démission de l'un des associés et prescri-
vait que l'autre devait achever seul son
privilège de sept ans. Pourquoi donc les
démissionnaires conjurés sont-ils demeu-
rés en place et pourquoi celui qui n'avait
pas démissionné — le Conseil d'Etat le
déclarant pourtant irréprochable — fut-il
seul privé de ses fonctions ?...

Car les *fratelli* choisis et agréés par
M. Gheusi — leur nom officiel est négli-
geable, personne n'étant bien sûr que ce
soit le leur, ni qu'ils soient frères vérita-
blement — étaient bel et bien démissionnaires deux fois, en 1914, *à l'insu et en
l'absence de leur associé.*

Ce fut même un des incidents les plus
comiques de la conspiration. Pendant un
mois, les agresseurs masqués de l'absent
vécurent des jours d'angoisse et d'intense
frousse. Si le ministère Clemenceau avait
été culbuté — le pays n'eut point alors
cette chance — si le frère Lafferre avait
été rendu à la vie privée — privée de
vengeance et de guillotine sèche — et
quel qu'eût été son successeur, la démission sournoise des associés renégats était
acceptée et le bateau lyrique de la rue
Favart automatiquement allégé de leur
poids collectif.

Et c'était — selon l'équité, le bon sens
et le cahier des charges — M. Gheusi qui
demeurait seul à la tête de sa Maison.

Le coup du père François était lamentablement raté et n'étranglait, au grand jour, que ses auteurs.

Les mauvais dieux de la musique ne l'ont pas voulu. Mais les affidés de ces heures louches s'égayèrent souvent des terreurs du couple fort peu tranquille. Albert Clemenceau, qui avait inventé le coup de la démission des deux anciens forains *pour incompatibilité d'humeur*, le second Albert (Dalimier) qui avait tenu la plume mauvaise écolière des ânes bâtés et le troisième lui-même — celui-là, du moins, était un artiste laborieux et digne d'estime — étouffèrent souvent leur fou rire devant la panique verte de leurs lamentables clients.

⊛   ⊙   ⊙

Tournons-nous maintenant vers l'avenir. En validant le « bon plaisir » impérieux d'un Lafferre, appuyé sur un alinéa mal rédigé et qu'aucun juriste n'avait, jusqu'à nous, osé invoquer contre les directeurs les plus indésirables, le Conseil ne s'est pas rendu compte de l'incalculable portée de sa décision. Après elle, il n'y aura plus de commandite possible, plus d'exploitation normale, plus de durables engagements d'artistes, plus de créations certaines pour les auteurs reçus et les compositeurs.

Le ministre peut maintenant — en dépit des cent articles d'un contrat qui assurait au preneur sept ans de gestion garantie s'il en observait les clauses bilatérales — retirer soudain « sa *confiance* à n'importe quel directeur, sans avoir à justifier cette mesure ».

Cette arme de théâtre, entre les mains d'un Ferry, d'un Briand, d'un Barthou, d'un Georges Leygues ou d'un Léon Bérard, demeurait émoussée dans la panoplie des épouvantails de carton.

— Je fais la guerre ! disait, en 1918, M. Clemenceau.

— Je la fais aussi ! décida le falot député de Béziers, cité féodale des grands massacres, que son président appelait distraitement « ce monsieur Lasserre » !

Or, il fallait voir comment ce haut domestique la faisait, sa guerre !

C'est à peine si, l'avant-veille de son ukase bolchevique, il se décida à donner audience au directeur condamné. Il lui joua, cramoisi d'une fureur de buffle attelé, la comédie de l'indignation et de la menace. La confiance du délinquant en son bon droit le mit hors des gonds.

— Demandez à M. Barthou, proposait l'accusé, souriant et calme.

— Je me f... de votre M. Barthou ! hurla le tyran biterrois — et de son avis, et du vôtre ! C'est moi qui suis le ministre et non pas vous ou lui !...

Et comme, lassé de cette basse comédie, le directeur lui démontrait la gravité de l'exécution projetée et ses conséquences, le fluctuant potentat reconnut que la question le dépassait et s'engagea à la soumettre au Conseil des ministres.

Le soir, il fit la même déclaration à trois compositeurs, alarmés par les bruits fâcheux qui commençaient à courir au théâtre. MM. Gustave Charpentier, Camille Erlanger et Alfred Bruneau protestèrent contre le départ, déjà annoncé, de M. Gheusi, dont ils louèrent la gestion au nom des musiciens français.

Le ministre leur joua sa comédie de mécontentement, se montra tour à tour véhément et paterne dans son répertoire et les rassura néanmoins en leur promettant de porter la question devant le Conseil du lendemain.

Mais, ce jour-là, notre homme demeura muet ; l'un de ses collègues, lui ayant demandé s'il n'avait rien à annoncer au sujet de l'Opéra-Comique, l'embarrassa beaucoup.

Il finit par répondre :

— Absolument rien.

Deux heures après, l'ampliation de l'arrêté de retrait sur papier-torchon — il convenait à cette besogne — était remis au domicile de M. Gheusi.

A l'intéressé, à la délégation des musiciens et au Conseil lui-même, l'intègre ministre avait menti.

Le lendemain, la nomination des successeurs complices paraissait à l'*Officiel*, *qui ne faisait aucune mention* de l'arrêté *du retrait de privilège*.

M. Jean Balluet d'Estourbecque etc. — qui, dans son entrechat de haine assouvie, en creva sa poche à fiel et y gagna une demi-douzaine de phlegmons d'allégresse — avait estimé que les termes de cet arrêté étaient trop évidemment discutables pour ne pas dénoncer à tous la connivence des affidés et la fragilité de leurs faux griefs. Mieux valait ne rien publier du tout pour laisser les ennemis du directeur déboulonné le vilipender à leur aise et lâcher sur lui tous les racontars venimeux des artistes marrons ou des intrigants congédiés.

Bien entendu, le satrape de la rue de Grenelle, « l'honnête homme » des démocraties conscientes de l'Hérault, Lafferre-des-Poisons, comme l'appelle depuis lors le plus mordant de nos musiciens, avait encouragé et autorisé ainsi — c'était la Guerre ! — les insinuations malpropres : Escobar et Tartuffe ne l'auraient pas renié.

Les considérants du Conseil d'Etat ont, du moins, cassé les reins à toutes ces vipères de promenoirs à filles.

☼   ☼   ☼

Le Conseil d'Etat — cinq ans après — ayant reconnu que la victime n'était pas coupable, n'en décide pas moins qu'elle méritait d'avoir eu la tête tranchée.

Il n'y aura donc plus qu'un directeur omnipotent à la tête de chacun de nos théâtres d'Etat : c'est le Ministre. L'arrêt d'hier rétablit à son bénéfice les droits féodaux les plus abolis, même ceux qui, plutôt égrillards, ont inspiré tant d'opérettes.

Désormais, quand un directeur aura cessé de nous plaire, même si la cause de nos ressentiments est inavouable, nous lui retirerons « la confiance du ministre » que nous menacerons pour armer son bras, d'interpellations sauvages et vengeresses.

— Messieurs les directeurs des théâtres d'Etat, préparez-vous aux pires mésaventures.

Mais, pour vous consoler d'avance, dites-vous bien que le ministre des beaux-arts, devenu ainsi le successeur direct des Thespis, des Lulli, des Vestris et même des Paravey, ne va plus, grâce aux sages Lycurgues du Palais-Royal, dormir maintenant sur un lit de roses !

Montaudran.

II

La Confiance du Ministre

(Réflexions d'un tué récalcitrant)

LE FIGARO, 30 Juillet 1923.

Il est dangereux de laisser manier les vieilles armes à feu par un enfant ou par l'irritable Tartarin d'un Café du Commerce. On a vu d'antiques pistolets d'arçon, décrochés d'une panoplie de famille par un maladroit, exploser tout à coup et faire une victime inattendue.

Ce fut, il y a cinq ans, l'aventure d'un ministre mal parisien, nommé Lafferre : il mit en joue, avec un vieux texte de cahier des charges, que ses prédécesseurs avaient tenu pour inoffensif, un directeur de théâtre subventionné dont le caractère lui déplaisait et le coup partit, jetant à terre le concessionnaire détesté.

— Bah ! pensèrent alors les amis du sacrifié, après la guerre, le Conseil d'Etat lui rendra son théâtre : l'explosion d'une gargousse de Charles X ne saurait avoir tué net un artilleur de 1914, soldat obscur de Gallieni.

Mais les années passèrent. L'accident sournois était oublié, même des intéressés. Brusquement, l'affaire vient au rôle, à son tour de bête, et la haute juridiction, après avoir examiné le pistolet saisi, déclare que la victime était très intéressante, mais qu'il est impossible de la rappeler à la vie et que le malencontreux franc-tireur ne sera pas inquiété, bien qu'il ait réussi à descendre un innocent. D'ailleurs, c'était bien fait pour celui-ci : il avait perdu « la confiance » du ministre !

◊ ◊ ◊

Ainsi que l'ont déduit la plupart de nos confrères, la situation des directeurs de scènes subventionnées est bouleversée en un tournemain. Ils avaient un privilège de sept ans, garanti par l'Etat, avec cahier des charges et contrat bilatéral qui leur permettaient de se procurer des commandites de plusieurs millions, d'engager une troupe, de bâtir des décors dispendieux, de racheter des matériels énormes, de recevoir des ouvrages français et d'amortir, en sept ans, des dépenses considérables.

— Adieu, veau, vache !... Le pot au lait de Perrette est brisé en mille morceaux. Il n'y a plus de privilège pour le directeur qui, même sans en être prévenu, a perdu « la confiance » de son ministre. Le septennat des théâtres est aboli « ainsi que les quatre-vingts articles du contrat qui le garantissaient ».

⊙ ⊙ ⊙

Sous le second Empire, M. de Beaumont, scandaleux directeur de l'Opéra-Comique, poursuivi par ses commanditaires, ses artistes et ses fournisseurs, conserva son privilège. Walewski en ayant fait proposer le retrait fut dissuadé de le prononcer par les juristes du ministère.

— Cet homme a un privilège de sept ans, déclara-t-il aux plaignants exaspérés. S'il ne démissionne pas volontairement, je suis contraint de le garder jusqu'à l'expiration de sa concession.

Avant la guerre, sous l'honnête et loyal Henri Roujon, le même cas se présenta deux fois, pour d'autres causes, mieux avouables, mais aussi graves. Les privilèges menacés survécurent.

M. Briand fut invité, par une coalition de haines redoutables, à renvoyer chez lui l'excellent Gailhard, directeur de l'Opéra. M. Clemenceau était président du Conseil — comme en 1918. Il exécrait Gailhard depuis la mort du baron de Reinach. Une ancienne grande cantatrice menait le train contre ce parfait directeur. Le bon Pedro, en somme, n'avait qu'un tort : il occupait la place depuis près d'un quart de siècle, parmi les rancunes des crépuscules délaissés ou les fureurs des assiégeants qu'il avait jugés indésirables.

Mais M. Briand n'était pas un Lafferre : il refusa d'obtempérer et se borna à nommer d'avance les successeurs de

Gailhard. Celui-ci ne quitta donc l'Opéra que le 31 décembre 1907, à minuit, heure suprême de son dernier privilège.

Ainsi, jamais un ministre des Beaux-Arts, soucieux des intérêts nationaux dont il eut la garde, n'avait, avant 1918, envisagé comme un droit offensif l'exercice du paragraphe validé hier par le Conseil d'Etat : depuis un temps immémorial, après trente pages de textes conservateurs, il ne faisait allusion qu'à l'accident apoplectique ou moral d'un concessionnaire malheureux.

On vient d'ajouter à ce grief secret et délicat la mésintelligence entre associés !... Or, comme le disait hier Antoine à propos des directions de théâtre « bicéphales », la mésintelligence entre associés est de tradition et de rigueur. Elle n'a jamais compromis les intérêts de l'exploitation. C'est, néanmoins, pour l'éviter que l'arrêté de 1913 avait confié *la direction artistique exclusivement* à un seul des directeurs de l'Opéra-Comique. Mais MM. Barthou et Léon Bérard, qui avaient cru parer à tout, n'avaient pas prévu M. Lafferre. Ils n'avaient surtout pas imaginé la décision, si laborieuse et si étrange, du Conseil d'Etat.

*   *   *

Ce sera donc la loi désormais : la « confiance » du Ministre et son bon plaisir deviennent les suzerains absolus des théâtres d'Etat, dussent-ils varier avec chaque ministre.

Le petit père Combes n'était, de sa diablesse de vie, jamais allé à l'Opéra.

Un soir, Henri Roujon lui ayant fait honte d'une ignorance si coupable pour un ministre des beaux-arts, l'amena dans la loge directoriale, sur la scène.

Il ne posa pas de questions saugrenues, s'intéressa surtout à la machinerie et fut stupéfait du nombre de choristes mâles qui évoluaient sous ses yeux ; il s'abstint de s'occuper des cantatrices : il avait, sans doute, une vieille tendance à les considérer comme la perdition du genre humain.

Soudain, pour dire quelque chose, l'ancien séminariste du lutrin d'Albi demanda à Gailhard :

— Combien avez-vous de *chantres?*

— Si vous répétez ce mot-là à âme qui vive, murmura Roujon terrifié à l'oreille du directeur, je vous révoque sur-le-champ.

Il n'en fit rien, d'ailleurs — malgré le désormais célèbre paragraphe 6 de l'article 82 — et fut même le premier à conter la chose au dîner de l'Elysée.

⊙   ⊙   ⊙

A chaque changement de ministère, le directeur devra donc s'enquérir des prédilections de son nouveau maître. Malheur à l'étourdi, s'il ignore que M. Louis Barthou préfère les *Caprices de Marianne* et *Pelléas* — M. Léon Bérard, *Carmen* et l'*Irrésolu* — M. Georges Leygues, *Cyrano de Bergerac* et *Salammbô* — M. Dalimier, *les Affaires sont les Affaires* et la revue des Folies-Champêtres — M. Clemenceau, *l'Idole aux Pieds d'Argile* et *Britannicus.*

Cette question de confiance peut, un vilain jour, faire tomber le privilège de l'Opéra de M. Rouché, rénovateur heureux du décor moderne et des danses rythmiques, à des entrepreneurs de spectacle qui accueilleraient, au seuil des galas de la République, les Rois de passage en rigolant pour leur crier, dans le ton d'un boniment d'escamoteurs et les pattes ouvertes :

— *Eh ! comment que ça va,* Majesté ?

Jusqu'en 1918, peu de grands-maîtres de l'Université avaient offensé les règles de l'art et du goût. Aucun n'était venu présider d'office le jury du Conservatoire et, dans une houle de fou-rire, confondre Mercadante avec *Ariodant* et terminer en invitant les juges indignés à décerner un accessit immérité cent fois à la fille d'un membre influent de comité viticole ou électoral.

Au prix que va coter la confiance d'un ministre de cette espèce, les bons directeurs n'auront plus aucune chance de rester en place. Le pistolet d'arçon de feu le député de Béziers les guette au coin d'un bois de toile peinte ; l'arrêt d'hier vient d'en renouveler la poudre et les amorces.

J'en sais un qui perdit la confiance de certain monarque asiatique pour avoir ignoré la coutume des *Mille et Une Nuits.*

Il avait fait visiter l'Opéra à notre hôte

exotique. Soudain, le doigt de l'auguste invité s'était tendu vers une des prêtresses noires de Dalila :

— Superbe !... Splendide !... avait-il jeté avec flamme.

Et, le soir, revenu dans ses appartements, le prince doré s'était irrité de leur solitude.

— Tu diras à ce directeur, ordonnat-il à son secrétaire, qu'il est fort mal élevé : lorsqu'il assistera aux fêtes de ma cour, s'il loue la beauté d'une de nos danseuses royales, il la trouvera en train de préparer son thé, dès qu'il sera rentré chez lui.

◦　◦　◦

Il n'y a pas seulement en Asie des potentats pareils à ce roi passionné. Nous en connaissons à Paris. S'ils deviennent, un jour, ministres des beaux-arts, ils mettront à leur « confiance » obligatoire un prix qui fera regretter à tous la pudeur du petit père Combes, vertueux enfant de Roquecourbe (Tarn).

P.-B. Gheusi.